Das Babysitter Handbuch

Alles was ein Babysitter wissen sollte

Almuth Bartl & Giulia Orecchia

moses Kinderbuchverlag

ISBN 3-89777-017-2
© 2000 moses Kinderbuchverlag GmbH, Kempen
Alle Rechte vorbehalten, auch auszugsweise.
Die Ratschläge in diesem Buch sind von der Autorin und vom Verlag sorgfältig erwogen und geprüft worden. Dennoch kann eine Garantie nicht übernommen werden. Eine Haftung des Verlags für Personen-, Sach- und Vermögensschäden ist ausgeschlossen.
Text: Almuth Bartl
Illustrationen: Giulia Orecchia
Lektorat: Daniela Schönkes
Typografie und Satz: Dusan Senkerik
Printed in Italy

In diesem Buch werden Tipps gegeben, wie Kinder mit eigenen Geschäftsideen ihr Taschengeld aufbessern können. Damit die Kinder nicht zu viel arbeiten und ausreichend Zeit für die Schule und andere Aktivitäten bleibt, gibt es das Jugendarbeitsschutzgesetz (JASchG). Es gilt für alle Kinder (bis zum Alter von 15 Jahren) und Jugendliche (15-18 Jahre). Vollzeitschulpflichtige Jugendliche sind im Gesetz Kindern gleichgestellt.
Eigenbestimmte und selbstständige Tätigkeiten sind unbeschränkt zulässig. Auch gelegentliche und geringfügige Hilfeleistungen sind gestattet. Dies sind Beschäftigungen, die das Kind/den Jugendlichen zeitlich und kräftemäßig nicht beanspruchen und die aus besonderem Anlass, hin und wieder, kurzzeitig erbracht werden. Solche Hilfeleistungen dürfen auch finanziell entgolten werden. Beispiele: Einkäufe für die kranke Nachbarin, Beaufsichtigung von Kindern in besonderen Fällen, vorübergehende Betreuung von Tieren (nicht dagegen z. B. das regelmäßige Füttern und Pflegen von Ponys, um eine erwachsene Arbeitskraft zu sparen). Die mit finanzieller Zuwendung verbundene Beschäftigung von Kindern/Jugendlichen im Familienhaushalt entsprechend ihrem Entwicklungsstand und ihren Kräften ist ebenfalls zulässig.

Gemäß § 5 Abs. 1 JASchG dürfen Kinder und vollzeitschulpflichtige Jugendliche bis zum Alter von 13 Jahren grundsätzlich nicht angestellt werden. Kinder ab 13 Jahren und vollzeitschulpflichtige Jugendliche dürfen gemäß § 5 Abs. 3 JASchG in Verbindung mit § 2 der Kinderarbeitsschutzverordnung schon mehr (natürlich nur mit der Einwilligung der Eltern/des Sorgeberechtigten): z. B. das Austragen von Werbeprospekten und Zeitungen, Botengänge, Babysitting, Nachhilfeunterricht, Betreuung von Haustieren, Erledigung von Einkäufen, Selbstvermarktung landwirtschaftlicher Erzeugnisse, Helfen auf dem Bauernhof. Die Tätigkeit darf jedoch nicht gefährlich sein und in der Regel täglich nicht mehr als zwei Stunden, nicht in der Zeit von 18.00-8.00 Uhr oder vor dem Schulunterricht ausgeübt werden.
Im Zweifel bitte beim jeweiligen Jugendamt nachfragen, ob die gewünschte Tätigkeit erlaubt ist! Die Autorin und der Verlag sind in keinster Weise verantwortlich für rechtliche Konsequenzen, die sich aus den Tipps in diesem Buch ergeben könnten. Sie sind auch nicht verantwortlich für irgendwelche Schäden an Personen oder Sachen, die im Zusammenhang mit den Ideen in diesem Buch entstehen.

Inhalt

Der Babysitter-Countdown 4

Der beste Babysitter der Welt 18

Tschüs, Mama! 24

Sicher ist sicher 30

Spaß für Babys 40

Spiele für Kleinkinder 50

Nichts wie raus! 62

Bei Schnee und Regen 70

Essen mit Spaß 78

Vorlesezeit 84

Erste Hilfe gegen „dicke Luft" 88

Gute Nacht, kleine Maus! 92

Das Babysitter-Büro 102

Der Babysitter-Countdown

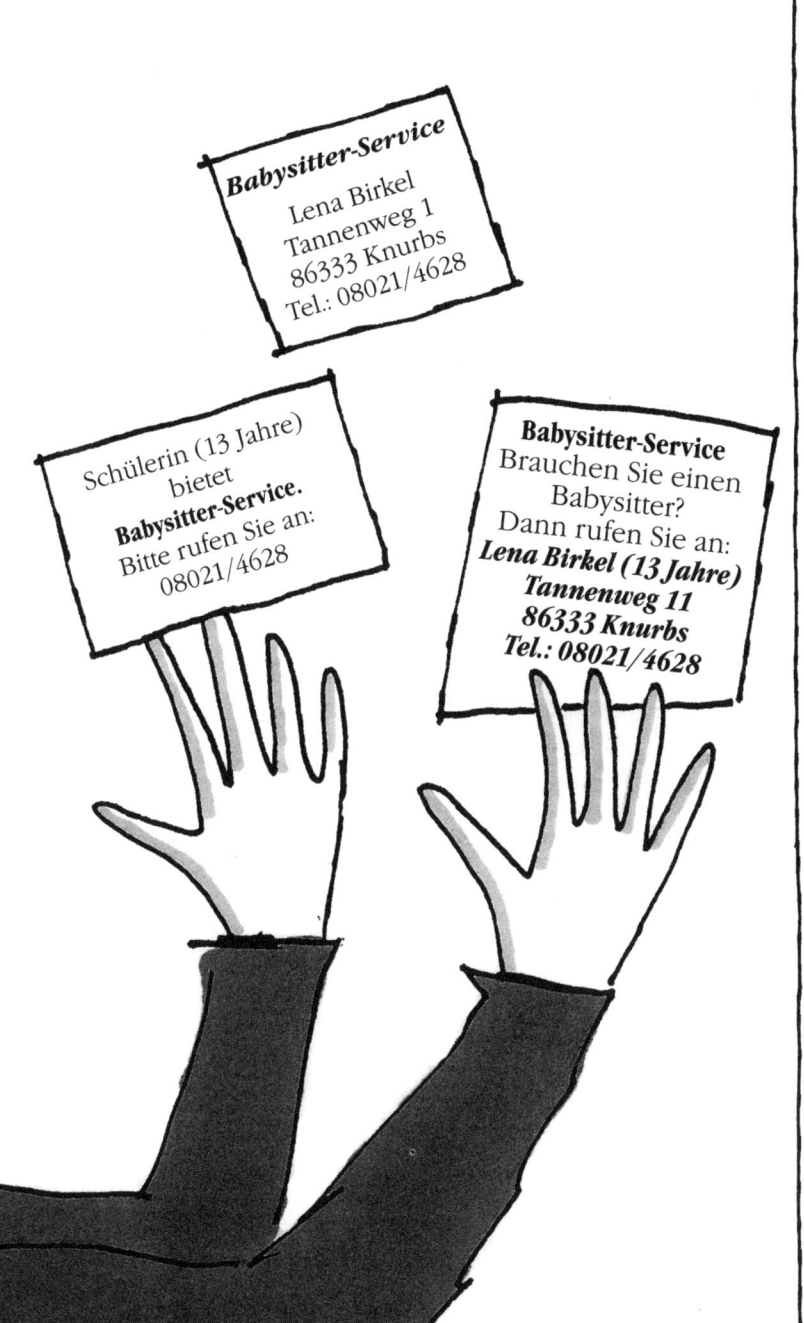

Wie geht's los?

Zuerst musst du natürlich dafür sorgen, dass du bekannt wirst. Aber wie?

Die Handzettel

> **Babysitter-Service**
> Brauchen Sie einen Babysitter?
>
> Dann rufen Sie an:
>
> ***Lena Birkel (13 Jahre)***
> ***Tannenweg 11***
> ***86333 Knurbs***
> ***Tel.: 08021/4628***

- Verteile diese Handzettel an die Eltern. Du triffst sie
  - auf Spielplätzen
  - vor dem Kindergarten
  - auf Bürgerfesten
  - beim Einkaufen.

- Bitte in Geschäften, in der Bücherei, auf dem Gemeindeamt, im Kindergarten, bei Kinderärzten, praktischen Ärzten oder Zahnärzten darum, dass deine Handzettel ins Schaufenster, ans Schwarze Brett etc. gehängt werden.

- Wenn du Familien mit Babys oder Kleinkindern kennst, die in deiner Nachbarschaft wohnen, so kannst du die Handzettel natürlich auch persönlich abgeben oder in die Briefkästen dieser Familien stecken.

Das Inserat

Gib eine kleine Anzeige im örtlichen Gemeindeboten oder in der Lokalzeitung auf.

> Schülerin (13 Jahre)
> bietet **Babysitter-Service**.
> Bitte rufen Sie an: 08021/4628

Die Visitenkärtchen

Schneide dir kleine Kärtchen aus, schreibe deinen Namen und deine Adresse darauf und verteile diese Visitenkarten – wie die Handzettel – an die Eltern.

> ***Babysitter-Service*** Lena Birkel
> Tannenweg 1
> 86333 Knurbs
> Tel.: 08021/4628

Tipp: Wenn du z. B. beim Jugend-Rot-Kreuz einen Babysitterkurs oder einen Erste-Hilfe-Kurs absolviert hast, dann schreibe das unbedingt auf deine Handzettel und Visitenkärtchen!

Die Empfehlung

Erzähle deinen Freundinnen und Freunden, die bereits babysitten, dass du auch als Babysitter zur Verfügung stehst. Sie werden dich vielleicht weiterempfehlen, wenn sie selbst gerade keine Zeit haben.
Sobald du die ersten Jobs hast, wirst du staunen, wie schnell auch andere Eltern von dir erfahren. Diese Mund-zu-Mund-Propaganda wirkt erfahrungsgemäß am besten – natürlich nur, wenn die Eltern mit dir zufrieden waren.

Der Babysitter-Club

Wenn deine Freundinnen auch Lust zum Babysitten haben, oder vielleicht sogar schon eifrige Babysitter sind, so könntet ihr einen Babysitter-Club gründen.

Vorteile :
- Ihr werbt alle gemeinsam für euren Babysitter-Club. Die Kosten für Handzettel, Inserate etc. werden dann aufgeteilt, so dass jeder nur einen kleinen Beitrag bezahlen muss.
- Sollte ein Babysitter verhindert sein, springt gleich ein anderer ein.
- Ihr könnt eure Erfahrungen untereinander austauschen und euch gegenseitig mit Tipps und Tricks und Spielideen versorgen.

Was die Eltern an einem Babysitter schätzen

Die Eltern vertrauen dir das Wertvollste an, was es für sie gibt: ihr Kind. Klar, dass sie nicht jedem vertrauen werden und ganz bestimmte Erwartungen an dich haben.

So stellen sich die Eltern den idealen Babysitter vor:

Der Babysitter
- mag das Kind.
- ist zuverlässig und pünktlich.
- ist sauber angezogen, ist gepflegt und hat akzeptable Manieren.
- ist offen und ehrlich und gibt auch zu, wenn ihm ein Missgeschick unterlaufen ist.
- ist verschwiegen und erzählt nicht dem ganzen Ort von den Vorkommnissen in der Familie.
- geht mit allen Dingen im Haushalt sorgsam um.
- räumt die Spielsachen, das Geschirr, die Windeln und was er sonst noch während des Babysittens gebraucht hat, selbst wieder auf.
- trinkt keinen Alkohol, raucht nicht und erzählt den Kindern keine Gruselgeschichten.

Was du als Babysitter nicht tun solltest:

- Gehe nie zum Babysitten, wenn du krank bist! Den Eltern ist es lieber, sie nehmen einen Ersatz-Babysitter oder bleiben zu Hause, als dass ihre Kinder angesteckt werden.

- Vermeide Besuche von deinen Freundinnen oder Freunden, während du babysittest!

- Dass du am Abend, wenn die Kinder im Bett liegen, die Spielsachen und das Geschirr vom Abendessen wegräumst, ist eigentlich selbstverständlich. Aber darüber hinaus bist du nicht zum Frühjahrsputz gekommen! Deine Aufgabe beschränkt sich auf das Wohl der Kinder!

- Während die Eltern weg sind, hast du die Aufsichtspflicht über die Kinder. Lass sie nie allein, auch wenn du inständig gebeten wirst, den Bello Gassi zu führen!

- Verliere nie die Nerven! Die Kinder werden vielleicht versuchen, herauszubekommen, wie weit sie bei dir gehen können, wie du reagierst, wenn sie nicht folgen. Bleib cool! Sei freundlich aber bestimmt. Wenn es Ärger gibt, versuche von diesem Ärger mit einem tollen Spiel, mit einem lustigen Lied oder einer spannenden Geschichte abzulenken.

- Es kann passieren, dass du tatsächlich mit einem Kind gar nicht gut auskommst oder die Eltern nicht leiden kannst. In diesem Fall ist es besser, auf weitere Babysitter-Termine in dieser Familie zu verzichten. Vielleicht kannst du ja eine Freundin empfehlen, die deinen Job gerne übernimmt.

- Auch wenn die Kinder fest schlafen, setze bitte keine Kopfhörer auf. Es kann ja doch mal passieren, dass ein Kind aufwacht, und du hörst dann nichts!

Tipp: Info für deine Eltern
Hinterlasse deinen Eltern immer einen Zettel mit
der Adresse der Familie, bei der du babysittest.
Notiere auch die Telefonnummer und die Zeit,
zu der du voraussichtlich wieder zu Hause sein wirst!

*Bin beim Babysitten
bei Schönemanns!
Fichtenstraße 7
86334 Hofen
Tel.: 08022/2648
Komme ca. um
23.00 Uhr zurück!*

Tipp: Aufschreiben!
Auch wenn du glaubst, dass du den Termin
zum Babysitten niemals vergessen wirst:
Schreibe ihn auf!
Notiere auf einem Zettel, **wann** du babysitten
sollst und b
Vergiss nich
genaue Adr
und Telefor
nummer au
zuschreiber

Die Babysitter-Ausrüstung

- bequeme, bunte Kleidung
- ein Ersatz-T-Shirt
- Hausschuhe
- Büchlein mit Notfall-Telefonnummern
  So komisch es klingt:
  Notiere auch deine eigene
  Telefonnummer von zu Hause.
  In Notfällen ist man manchmal
  so verwirrt, dass man die einfachsten
  Dinge nicht mehr weiß!
- Geldbeutel
- Überraschungs-Spielzeug
  oder ein Bilderbuch
  für die Kinder
- bequeme Schuhe
- Taschenlampe
- ein Buch zum Lesen,
  wenn die Kinder schlafen
- dein Babysitter-Handbuch

Tipp: Nimm unbedingt alle Ketten und Ohrringe ab! Besonders Babys greifen gerne nach glänzenden Schmuckstücken und ziehen daran!

Der Vorbesuch

Wenn du in einer Familie noch nie zuvor zum Babysitten warst, dann bitte um einen Vorbesuch.

- Bei diesem Vorbesuch kannst du alle Fragen stellen, die auf deiner Checkliste (ab Seite 14) stehen.
- Du kannst die Eltern und die Kinder kennen lernen und sie dich.

Nutze diesen Vorbesuch, um zu den Kindern Kontakt herzustellen. Lass dir ihre Zimmer zeigen, ihre Lieblingsspielsachen und nimm dir Zeit, auch gleich ein bisschen mit den Kindern zu spielen.

- Die Eltern können dich kennen lernen und all die Fragen stellen, die sie interessieren, z. B.:
  - Hast du früher schon mal auf Kinder aufgepasst?
  - Wie viel Geld verlangst du pro Stunde?
  - Hast du kleinere Geschwister?

Die Checkliste

Am besten kaufst du dir ein kleines Notizbuch oder nutzt die Notizseiten im hinteren Teil dieses Buches und trägst hier all die Fragen ein, die vor dem ersten Besuch bei der Familie wichtig sind.

Checkliste
- Name und Adresse der Eltern
- Name des Kindes/der Kinder
- Alter des Kindes/der Kinder
- Termin: Wann sollst du babysitten und wie lange?

Wichtige Telefonnummern
- Telefonnummer der Familie
- Telefonnummer, unter der die Eltern zu erreichen sind (z. B. bei Freunden, im Restaurant, Handynummer, ...)
- Notruf
- Welcher Arzt ist in Notfällen anzurufen? (Telefonnummer)
- Taxi
- Feuerwehr
- Verwandte (Nachbarn), die das Kind gut kennt

Wichtig zu wissen:
Wo finde ich ...
  den Hausschlüssel
  das Telefon
  den Verbandskasten
  eine Wärmeflasche
  Windeln und Pflegemittel
  Ersatzkleidung
  Bettwäsche
  Töpfchen
  Schnuller
  Babyflasche
  Babykost bzw. Essen für die Kinder
  Tee

Soll ich ...
  dem Kind etwas zu essen bzw. zu trinken geben?
  das Kind wickeln bzw. umziehen (Schlafanzug)?
  mit dem Kind zur Toilette gehen?
  ans Telefon gehen?
  die Tür öffnen, wenn es klingelt?
  die Haustür absperren, den Schlüssel abziehen
  oder stecken lassen?

Wichtig zu wissen, wenn du tagsüber babysitten sollst:
- Darf ich mit dem Kind nach draußen gehen?
- Wohin und wohin nicht?
- Wie klappe ich den Sportwagen auf bzw. wieder zusammen?

- Wo ist der nächste Spielplatz?
- Welche Kleidung soll das Kind draußen tragen? (Wo sind Gummistiefel, Handschuhe etc. zu finden?)
- Darf ich Spielkameraden des Kindes, die unangemeldet vor der Tür stehen, ins Haus lassen?

Wichtig zu wissen, wenn du nachts babysitten sollst:
- Wann muss das Kind (spätestens) ins Bett?
- Gibt es bestimmte Einschlafrituale, an die das Kind gewöhnt ist, z. B. singen, beten, Geschichten vorlesen, Teddy, Einschlaflicht, Spieluhr?

- Passiert es manchmal, dass das Kind nachts wieder aufwacht, und was soll ich dann tun?
- Welche Türen oder Fenster werden zugesperrt?
- Wie komme ich nachts wieder nach Hause? Normalerweise werden die Eltern anbieten, dich nach Hause zu fahren oder dir ein Taxi zu bezahlen. Sprich diesen Punkt beim Vorbesuch offen an! Gehe oder fahre nachts nie alleine nach Hause!

Darf ich ... (wenn das Kind schläft)
fernsehen bzw. einen Videofilm ansehen?
die Stereoanlage, das Telefon, das Radio, ... benutzen?
mir etwas zu essen oder zu trinken nehmen?
meine Hausaufgaben machen?

Besonderheiten
- Ist das Kind gegen irgendetwas allergisch?
- Muss das Kind Medikamente nehmen?

Halblang

Babysitter sind auch nur Menschen. Niemand kann oder sollte von dir etwas verlangen, das du dir (jetzt noch) nicht zutraust. Dazu gehört z. B. das Babysitten von Zwillingen, mehreren unterschiedlich alten Kindern oder ungewöhnlich schwierigen Kindern.
Fang klein an. Erst wenn du wirklich fit bist, auf ein Kind aufzupassen, kannst du versuchen, zwei Kinder gleichzeitig zu sitten.

Das Babysitter-Honorar

- Das Honorar für Babysitten wird normalerweise pro Stunde berechnet. Wie viel du pro Stunde verlangen kannst, erfährst du am besten von ebenfalls babysittenden Freundinnen. Derzeit wird ein Stundenlohn von 6 bis 10 DM gezahlt.

- Sprich beim Vorbesuch offen über dein Honorar! Eventuell werden dir die Eltern auch ein Pauschal-Honorar für den ganzen Abend anbieten; z. B. 30 DM. Das ist o.k.!

- Notiere in deinem Notizbüchlein genau, wie viel Geld du wann, für welche Zeit, von welcher Familie bekommen hast.

- Lass dir dein Honorar noch am gleichen Tag auszahlen – am besten, bevor die Eltern das Haus verlassen. Mitten in der Nacht abzurechnen ist schlecht, weil alle müde sind.

- Wenn dich die Eltern in der Nacht per Taxi nach Hause bringen lassen, so müssen sie das Taxigeld bezahlen.

Der beste Babysitter der Welt

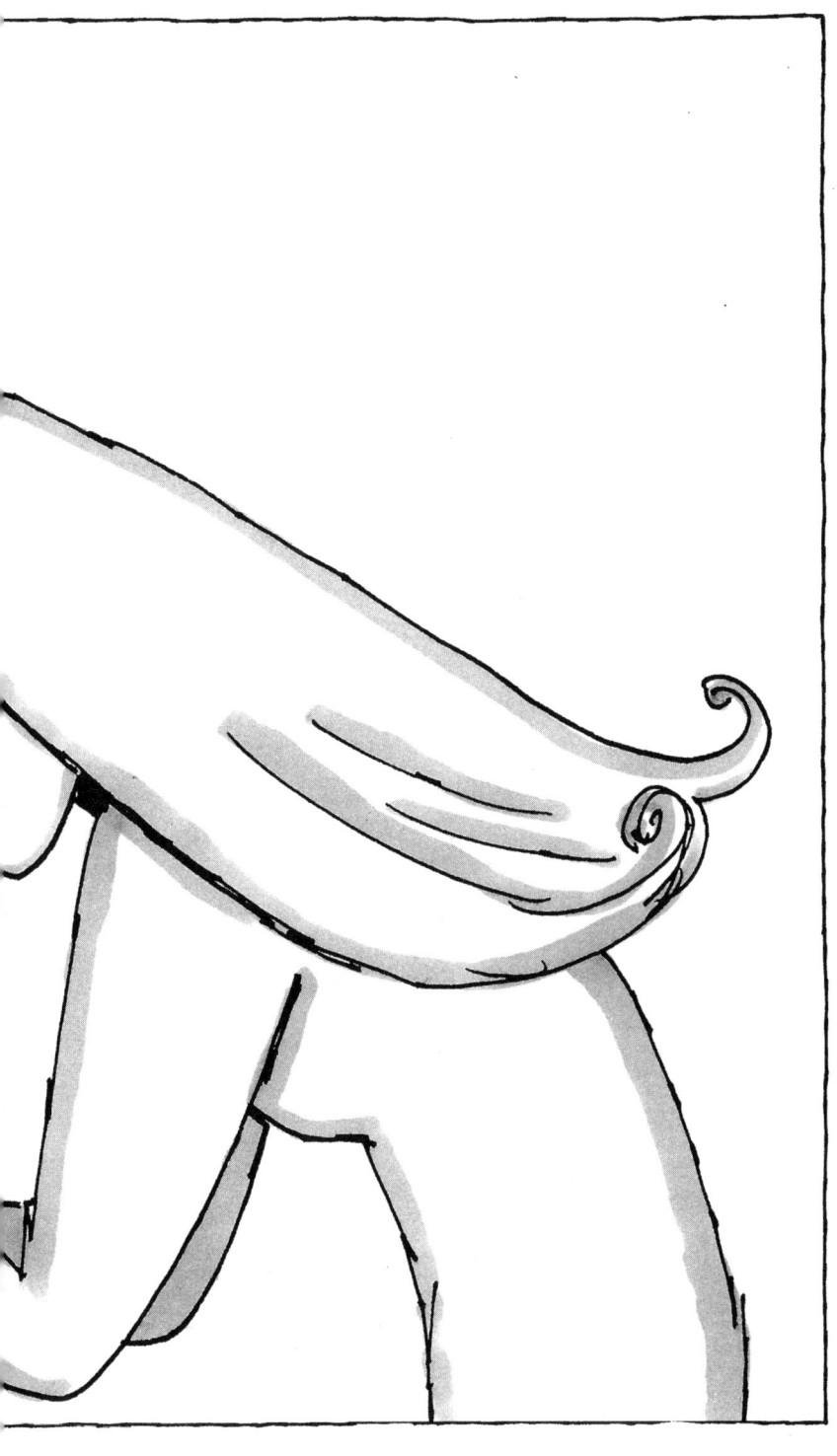

Geheimtipps für Babysitter

Drei goldene Schlüssel führen zum Herzen jedes Kindes:

1. Das Lob

Anstatt ein Kind zu ermahnen oder gar zu schimpfen, solltest du eine schlecht erfüllte Aufgabe oder ein schlechtes Benehmen einfach übersehen. Sobald das Kind aber etwas Richtiges macht, dann lobe es dafür: „Prima!", „Gut gemacht!", „Ich wusste doch, dass du das kannst!" usw.

2. Spaß

Humor ist eine der wichtigsten Dinge, die man als Babysitter braucht.
Mach einen Spaß, wo immer du kannst. Wenn du es schaffst, dass das Kind mit dir so richtig herzhaft lacht, hast du sein Herz erobert.

3. Zuwendung

Ein Kind – ja sogar ein winziges Baby spürt, ob du es magst oder nicht. Zeige ihm also deine Zuneigung. Nimm das Kind öfter in den Arm, höre ihm aufmerksam zu, zeige Interesse für seine Probleme und Vorlieben. Sag ihm, dass du es magst!

Ruf doch mal an!

Was für eine Freude, wenn der allerliebste Babysitter einfach so „sein" Kind anruft, um ein paar Sätze mit ihm zu sprechen; zu erzählen, wie sehr man sich aufs nächste Zusammensein freut und Pläne schmiedet, was man dann so alles miteinander spielen wird.

Post vom Babysitter

Kinder lieben es, wenn sie Post bekommen. Also schreibe doch hin und wieder einen kleinen Brief oder eine Karte an „dein" Kind.
Es reicht vollkommen, wenn du einen Satz schreibst und vielleicht ein Bild dazu malst, z. B.:

*Liebe Anja,
ich freue mich schon
auf Samstag, wenn
wir zusammen auf
den Spielplatz gehen.
Deine Julia*

Tipp: Nicht vergessen: Der beste Babysitter der Welt kommt immer zehn Minuten früher zum Babysitten als verabredet! Denn es gibt fast immer noch etwas mit den Eltern zu besprechen, für das sonst keine Zeit mehr wäre!

Die Wundertüte

Kinder freuen sich riesig, wenn du ihnen etwas mitbringst. Das braucht nichts Neues zu sein, und du sollst es auch nicht verschenken. Es reicht völlig, wenn du den Kindern erlaubst, in der Zeit, die du mit ihnen verbringst, mit diesen Sachen zu spielen. Für die Kinder sind die Dinge ja neu und alles Neue ist interessant.

Warte bis die Eltern das Haus verlassen haben. Mache die Kinder aber schon vorher auf deine „Wundertüte" aufmerksam. Wetten, sie sind so gespannt, dass sie sich freuen, wenn ihre Eltern endlich aus dem Haus gehen?

Das könnte so eine Wundertüte alles enthalten:
- ein Bilderbuch
- Seifenblasen
- einen kleinen, unzerbrechlichen Handspiegel
- eine Taschenlampe
- ein Päckchen Stifte oder Knete
- einen kleinen Ball
- eine Hand- oder Fingerpuppe
- ein Puzzle
- eine Zeichenschablone
- Pfeifenreiniger oder buntes Papier zum Basteln.

Ein Schatz für Onkel Dagobert

Auch kleine „Dagoberts", die mit Geld noch nicht rechnen können, freuen sich sehr über eine Schatzkiste mit Spielgeld. Dieses Geld bekommst du bei der Bank oder Sparkasse kostenlos. Das Kind kann die Geldscheine und Münzen sortieren und vergleichen oder „Schatzgräber" spielen.

Außerdem braucht man natürlich Spielgeld bei Kaufladenspielen, Kinderpost und Restaurant-Eröffnungen.

Tschüs, Mama!

Schließlich ist der Augenblick gekommen, dass Mama und Papa das Haus verlassen und trotz aller Vorsorge bricht das Kind in Tränen aus. Was jetzt?

Nimm das Kind in den Arm, sprich leise und zärtlich mit ihm. Erinnere es daran, dass die Eltern ja bald wiederkommen und dass ihr beide euch doch schon so sehr auf das Malen (Basteln, Spielen, Geschichte vorlesen, ...) gefreut habt.

Hole ein neues Spielzeug aus deinem Überraschungssack.

Schau dir mit dem Kind zusammen einen Kinder-Videofilm an.

Schalte lustige Musik an und tanze mit dem Kind durchs Zimmer.

Geht zusammen auf Schatzsuche. Vielleicht gibt es ja irgendwo ein paar Kekse, einen Pudding oder ein Joghurt zu finden?

Frage das Kind nach seinem Hund (Katze, Goldhamster, ...) und beschäftigt euch zusammen mit dem Tier.

Hole ein Bilderbuch aus deiner Tasche, setze das Kind auf deinen Schoß und schaut euch zusammen die Bilder an!

Schaut euch zusammen ein Familien-Fotoalbum an. Frage das Kind, wie die Personen heißen, wo das Foto gemacht wurde, etc.

Denk daran, dass das Weinen des Kindes ganz normal ist und wirklich nichts mit dir zu tun hat – auch wenn das Kind lauthals schreit „Ich will nicht bei der Julia bleiben!". Sei freundlich, lächle und lenke das Kind ab. Ein paar Minuten und der Abschiedsschmerz ist vorbei!

Die verschwundenen Eltern

Achte darauf, dass sich die Eltern niemals aus dem Haus schleichen, um einem „Theater" vorzubeugen!
Die Eltern sollen ihrem Kind offen und ehrlich sagen, dass sie fortgehen, wann sie wiederkommen und dass du in der Zwischenzeit auf das Kind aufpassen wirst.
Klar, dass gerade ein kleines Kind nicht erfreut ist, dass die Eltern weggehen. Aber viel schlimmer als der Trennungsschmerz ist für ein kleines Kind die unverständliche Tatsache, dass sich die Eltern plötzlich in Luft aufgelöst haben. Dieser Schock trifft viel tiefer und kann auf die Dauer zu wirklich schlimmen Trennungsängsten führen, mit denen das Kind unter Umständen noch herumläuft, wenn es längst erwachsen ist.

Wegversteckt!

Kinder lieben Versteckspiele. Aber sei vorsichtig! Wenn gerade der Abschiedsschmerz von den Eltern abgeklungen ist, wird das Kind die Tatsache nicht verkraften können, dass du nun auch nicht mehr da bist oder die Geschwister plötzlich wie vom Erdboden verschluckt sind.
Besser wäre es dann, z. B. gemeinsam nach einem Kuscheltier zu suchen, das sich irgendwo im Wohnzimmer versteckt hat.

Sag die Wahrheit!

Natürlich willst du, dass dir das Kind vertraut und natürlich willst du es nicht anlügen. Aber was ist, wenn das Kind so schrecklich weint, sobald die Eltern fort sind? Kann man da vielleicht mal kurz schwindeln: „Deine Eltern sind sofort wieder da ..."?
Nein, auch dann nicht. Sag den Kindern die Wahrheit! Zum Beispiel: „Morgen früh, wenn du aufwachst, sind Mama und Papa längst schon wieder da." oder „Wenn wir vom Spielplatz zurückkommen, ist die Mami wieder da."

Sicher ist sicher

Vorsicht ist besser als Nachsicht

Normalerweise wird das Haus oder die Wohnung, in der du babysittest, kindersicher sein. In der Eile des Fortgehens passiert es aber immer wieder, dass die Eltern keine Zeit mehr haben, Dinge aufzuräumen, die für das Kind gefährlich sein könnten.

Zum Beispiel:

- Handtaschen mit interessantem Inhalt, wie Münzen, Zigaretten, Streichhölzer etc.

- Kosmetikartikel, Schere

- Geschirr auf dem Tisch oder auf Küchenmöbeln (auch Messer, Geschirrspülmittel, unausgeleerte Aschenbecher)

- Kontrolliere die Fenster! Niemals sollte ein Kleinkind in der Lage sein, ein Fenster selbst zu öffnen!

- Achte auch darauf, dass die Teppiche und Läufer flach auf dem Boden liegen, damit das Kind nicht über eine umgekippte Teppichecke stolpert.

- Alle Schranktüren und Schubladen müssen geschlossen sein!

Erste Hilfe

Alle Menschen sollten einen Erste-Hilfe-Kurs absolvieren. Wer oft mit Kindern zu tun hat, weiß, wie schnell man gefordert ist, das Richtige – unter Umständen sogar Lebenswichtige – zu tun.

Am besten erkundigst du dich beim Deutschen Roten Kreuz, wo in deiner Nähe solche Kurse abgehalten werden. Eventuell hast du ganz besonderes Glück und es wird sogar ein Babysitter-Kurs angeboten.

Pflaster mit was drauf

Pflaster sind noch viel erstrebenswerter, wenn sie bunt oder mit lustigen Figuren versehen sind.
Am besten, du verzierst gleich mehrere Pflasterstreifen in verschiedenen Breiten mit Hasen, Löwen, Sauriern usw.
Sollte dann ein Pflaster gebraucht werden, lenkst du das Kind gleich von seinem Schmerz ab, wenn du es fragst, welches Tierchen denn auf seinem Pflaster sein soll.

Tipp: Eine leere Plastiktüte kann für ein Kind tödlich sein, wenn es sich die Tüte über den Kopf zieht.
Denk daran, dass auch die Dinge, die du zum Babysitten mit ins Haus bringst (Vorlesebücher, deine Hausaufgabenhefte, ...) nicht in Plastiktüten stecken!

Auweia!

Hingefallen? Wackelzahn verloren? Splitter im Fuß?
Gegen Schmerzen helfen folgende Tricks:
- Das Kind zwickt sich an einer anderen Körperstelle.
- Das Kind gibt den Schmerz mit Handdruck an dich weiter.
- Der Schmerz wird heftig fortgeblasen.
- Schmerzen lassen sich viel besser ertragen, wenn man dabei laut zählt („Bin mal gespannt, wie lange das dauert!") oder das Alphabet aufsagt.

Tipp: Kinder bekommen manchmal Angst, wenn Blut aus ihrem Körper kommt. Frei nach dem Motto „Aus den Augen, aus dem Sinn", bedeckst du die Stelle schnell mit einem keimfreien Tuch bzw. einer sterilen Wundkompresse. (Beides sollte sich im Erste-Hilfe-Koffer befinden.)

Schluck-Auf, Schluck-Ab

Wenn so ein Schluckauf hartnäckig bestehen bleibt, kannst du ihn auf diese Weise wegzaubern:
Frag das Kind, was es zum Mittagessen gegessen und getrunken hat – was gab es zum Frühstück? Lass dir diese Speisen und Getränke möglichst haarklein beschreiben. Was für eine Sorte „Cornflakes" – war Honig im Tee? ...

Höre aufmerksam, ob der Schluckauf noch da ist. Wenn ja, frage nach den Nahrungsmitteln vom Vortag. Schon nach ein paar Minuten ist der Schluckauf tatsächlich weg.
Leider klappt der Trick nur einmal. Also für Notfälle aufsparen!

Tipp: Und gleich noch ein Tipp für alle Schluckauf-Geplagten! Allerdings funktioniert er nur bei größeren Kindern und Erwachsenen, da man dafür Zeitverständnis braucht. Dem Schluckauf-Gepeinigten wird folgende Aufgabe gestellt: Wenn du es schaffst, innerhalb der nächsten

fünfzehn Sekunden dreimal zu „hicksen", bekommst du eine Mark (drei rote Gummibärchen oder was sonst noch erstrebenswert ist). Natürlich wird der auf diese Art Geforderte, sich alle erdenkliche Mühe geben, die Aufgabe zu erfüllen. Aber meistens geht – außer einem bescheidenen „Hicks" – gar nichts mehr weiter, der Schluckauf ist verschwunden!

Wasser, ein gefährlicher Spaß

Wasser ist ein aufregendes Element und gerade Babys und Kleinkinder lieben es, im Wasser zu plantschen.
Aber Vorsicht! Niemals darf man ein Kind mit Wasser allein lassen! Vorsicht ist auch geboten, wenn man mit dem Baby in einem fremden Haus oder Garten zu Besuch ist. Achte auch auf Regentonne, Wassereimer und Zierteiche!
Selbst ein Babyplantschbecken oder eine Schüssel voll Wasser kann für ein kleines Kind eine Lebensgefahr bedeuten!
Darum meide das Wasser, wo du kannst!
Gehe nicht mit einem Kleinkind am Fluss oder Bach spazieren und weigere dich, auch selbst im familieneigenen Swimmingpool alleine mit dem Kind zu baden, sogar wenn die Eltern beteuern, ihr Kind sei Europameister im Brustschwimmen!

Insektenstiche

Insektenstiche jucken weitaus weniger, wenn man mit einem feuchten Seifenstück darüberstreicht. Wer einen Ausflug in eine mückenreiche Gegend plant, ist fein heraus, wenn er ein Stückchen nasse Seife in seinem Gepäck hat!

Tipp: Der Anti-Einsperr-Trick
Ein Handtuch, das über die Badezimmer- bzw. Toilettentür geworfen wird, verhindert, dass sich kleine Kinder einsperren!

Spielzeug im Härtetest

Untersuche das Spielzeug des Kindes genau, damit es nicht zu schlimmen Unfällen kommt!
Achte auch bei den Dingen, die du zum Spielen mitbringst, darauf, dass sie
• nicht aus Kleinteilen bestehen, die das Kind verschlucken könnte oder sich in die Nase oder Ohren schieben könnte! Am besten sollten kleine Kinder nur mit solchen Dingen spielen, die mindestens so groß sind wie seine Faust;
• keine Schnüre haben;
• keine scharfen Kanten haben;
• nicht zerbrechlich sind!

Der Pflaster-Trick

Manche Kinder klagen, wenn sie sich unbehaglich fühlen und mehr Zuwendung möchten, über irgendwelche Schmerzen: Kopfweh, Bauchweh, Fingerweh, ...
Vorausgesetzt, du bist sicher, dass die Schmerzen – egal ob echt oder eingebildet, nicht wirklich Besorgnis erregend sind, so hilft schnell ein großes Pflaster, das man auf die betroffene Stelle klebt. Kümmere dich um das Kind, als wäre es wirklich krank, lege es ins Bett und lies ihm eine Geschichte vor. Danach ist der Spuk meistens vorbei und das gerade genesene Kind kann sein Bett wieder verlassen... Kinder bleiben nie länger im Bett als nötig!

Das Wickelkind

Babys müssen etwa sechsmal am Tag gewickelt werden. Selbstverständlich ist, dass sie abends vor dem Schlafengehen noch einmal eine saubere Windel bekommen.
Wie gewickelt wird und womit, das ist von Familie zu Familie verschieden.
Die Eltern werden dir aber gerne zeigen, wie es geht und welche Pflegemittel sie wofür benützen.
Am schnellsten lernst du das Wickeln, wenn du es selber – im Beisein der Mutter oder des Vaters tust und sie dir bei deinem ersten Wickelversuch mit Rat und Tat zur Seite stehen.

Wickeltisch

Stürze vom Wickeltisch sind gar nicht so selten. Meide diese Gefahr und wickle das Baby doch einfach auf dem Boden. (Decke oder großes Handtuch unterlegen!)
Wenn du aus irgendwelchen Gründen aber doch den Wickeltisch benützen willst, dann denke daran, dass sogar allerkleinste Babys vom Wickeltisch plumpsen und sich sehr verletzen können.
Lass das Kind nicht einen Augenblick allein, selbst dann nicht, wenn das Telefon klingelt oder der Bello gerade dein Englischbuch frisst!

Vom Umgang mit Streithähnen und Streithennen

Wenn du gleichzeitig auf mehrere Kinder aufpasst, wird der Moment kommen, da sich auch die besten Freunde oder die liebsten Geschwister streiten.
Streit ist normal. Mach dir keine Sorgen, die Kinder streiten sich nicht, weil du etwas falsch gemacht hast. Es ist nicht notwendig, dass du der Streitursache auf den Grund gehst und es ist auch nicht sinnvoll, dass du für einen der Streiter Partei ergreifst, oder das Streiten an sich verbietest. Vorausgesetzt natürlich, die Streitenden fangen nicht an sich zu prügeln.
- Hole ein interessantes Spielzeug (ggf. aus deiner „Wundertüte"), setze dich seelenruhig auf den Boden und beginne zu spielen
- Unterbrich die Streitenden freundlich und lenke sie durch ein tolles Angebot ab, z. B.: „Der Film, den wir uns anschauen wollten, beginnt gerade" oder „Ich habe zehn rote Gummibärchen versteckt. Wer findet sie?"

Spielen mit Babys

Für Babys und Kinder bis zwei Jahre suchst du natürlich ganz einfache Spiele aus. Nimm das Baby dazu auf den Schoß oder setze dich dem Kind gegenüber auf den Boden. Spiele und rede langsam und sei darauf gefasst, dass das Baby das gleiche Spiel immer und immer wieder spielen möchte.

Da tickt doch was!

Ein möglichst laut tickender Wecker wird im Zimmer versteckt. Das Kind schließt die Augen und lauscht ganz angestrengt. Wo tickt's denn da?
Gar nicht so einfach herauszufinden, von wo das Tickgeräusch kommt.
Tickt es hinter dem Vorhang oder unter dem Stuhl?
Bestimmt wird das Kind das tickende Ungetüm bald finden. Wenn es aber doch zu schwierig wird, dann hilfst du dem kleinen Lauscher mit Hinweisen wie: „Kalt, wärmer, warm, heiß!", den Wecker zu finden.
Statt des Weckers kann man auch einen kleinen, portablen Küchenwecker nehmen, der je nach Alter des Kindes auf zwei bis fünf Minuten Tickzeit eingestellt wird. Gelingt es dem Kind, den Wecker zu finden, bevor dieser sich selbst mit schrillem Gebimmel meldet?

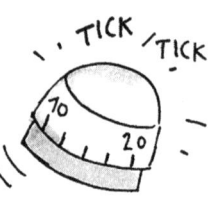

Malspiele

Malspiele machen immer Spaß und sind schnell zu lernen. Während du den Spruch aufsagst, malst du gleichzeitig das Bild.

Der Mensch
Punkt, Punkt, Komma, Strich,
fertig ist das Angesicht.
Haare noch und Ohren,
dann ist der Mensch geboren.

Der Mond
Der Mond ist rund, rund, rund,
hat zwei Augen, Nas' und Mund.

Die Miezekatze
Punkt, Punkt, Komma, Strich,
fertig ist das Angesicht.
Noch zwei spitze Ohren,
dann ist die Katz' geboren.
Ritze-ratze, ritze-ratze,
fertig ist die Miezekatze.

Streichelei

Auf dem Tisch liegen einige Gegenstände mit sehr unterschiedlichen Oberflächen, zum Beispiel eine Feder, eine Kleiderbürste, eine Zitrone, ein Stückchen Pelz und ein Wattebausch.
Während das Kind ganz fest die Augen zuzwickt, streichelst du mit einem dieser Dinge über ein Kinderhändchen. So, nun wird geraten: „Was hat dich da gerade gestreichelt?"
Gar nicht so schwierig, wenn das Kind vorher ein bisschen Zeit hatte, die unterschiedlichen Dinge zu sehen und abzutasten.

Tanzen

Schon mit dem Baby im Arm kann man wunderbar zu sanfter Musik tanzen. Für größere Kinder wird der Tanz natürlich wilder und abenteuerlicher.
Besonders lustig ist der „Doppelmarsch-Tanz". Das Kind stellt sich auf deine Füße und schon dreht ihr euch beide zur Tanzmusik. Aber gut festhalten!

Steigt der Phily auf den Baum

Dies ist ein kleines Verslein, das man je nach Alter des Kindes mit begleitenden Gesten und Zeichen ausschmückt. Ganz wichtig dabei ist, dass man es dem Baby oft genug langsam vorspricht. Den Kleinen wird das gar nicht langweilig. Im Gegenteil: Je öfter sie es hören, umso spannender, denn dann wissen sie meistens schon, wie es weitergeht.

Steigt der Phily* auf den Baum,
hoch hinauf, man glaubt es kaum.
Springt von Ast zu Ästchen,
guckt ins Vogelnestchen,
ja, da lacht es –
hui, da kracht es,
bums, da liegt er unten.

*jeweiligen Namen einsetzen!

Schattentheater

Es gibt Schattenspieler, die schaffen es mit spielerischer Leichtigkeit, nur mit ihren Fingern wütende Löwen, trottelige Kamele oder die Profile berühmter Personen als Schattenbild an die Wand zu projizieren.

Wer für Babys ein Schattentheater aufführt, braucht sich keineswegs an diesen Leistungen zu orientieren. Es genügt völlig, zwischen einer Lichtquelle und einer Wand, mit den Fingern oder der ganzen Hand, irgendwelche Phantasiefiguren tanzen zu lassen. Die Abwechslung zwischen langsamer und schneller Bewegung läßt die Babys schon erstaunen.

Wer will, kann noch das berühmte Krokodil mit aufgerissenem Maul vorbeiziehen lassen oder mit Zeigefinger und Mittelfinger ein Häschen mit langen Löffeln darstellen.

Dieses Spiel ist gut geeignet, das Baby von einem Kummer abzulenken oder ein müdes, aber schlafunwilliges Baby zu beruhigen.

Eskimo-Küsse

Babys lieben Eskimo-Küsse! Anfangs sind sie noch etwas erstaunt, aber bald haben sie großen Spaß daran.
Die Eskimos küssen sich angeblich, indem sie ihre Nasen aneinander reiben. Das sieht sehr komisch aus und fühlt sich auch so an. Aber lustig ist es!

Babykutsche

Ein Wäschekorb aus Plastik wird mit einer Decke und kleinen Kissen ausgepolstert. Das Baby wird in die Kutsche gesetzt und mit weiteren Kissen abgestützt, damit es während der Fahrt nicht seitwärts umkippt.
An der Stirnseite der Kutsche wird ein Strick durch die Henkelöffnungen gezogen und verknotet.
Nun geht die Kutschfahrt los – am besten auf glattem Holz- oder Teppichboden.

Das Seifenblasen-Erlebnis

Seifenblasen sind ein wunderbares Spielzeug für Kinder jeden Alters. Schon Babys staunen über die zarten, buntschillernden Schwebebälle. Puste die Seifenblasen so, dass sie an dem Gesicht des Babys vorbeischweben und das Kind den Seifenblasen nachschauen kann!
Krabbelkinder haben Spaß an größeren Blasen, denen sie hinterherjagen können.
Die Seifenblasenflüssigkeit nach dem Spielen wieder sorgfältig wegräumen!

Sandplätzchen

Eine Portion feuchter „Sandteig" wird auf der Sandkastenumrandung flach geklopft und anschließend mit Ausstechförmchen zu Sandplätzchen verarbeitet.
Wer will, dekoriert die Plätzchen noch mit feinem, hellen Sand, kleinen Steinchen, Schneckenhäusern oder was sonst noch zu finden ist.

Spielsachen für die Badewanne

Lass dich auch von den allernettesten Eltern nicht dazu überreden, ein Baby oder Kleinkind unter drei Jahren alleine zu baden. Anders sieht es aus, wenn die Eltern im Haus sind. Dann kannst du natürlich den Badewannenunterhalter spielen und bist fein raus, wenn du einige der folgenden Dinge auftreiben konntest:
- Plastikspritzflaschen
- kleine Plastikgefäße, z. B. Kappen von Spraydosen
- Schwamm
- Waschlappen oder Waschtuch
- Pipette
- kleine Plastikspielsachen wie z. B. ein Boot
- Teesieb
- Filmdöschen
- Gießkanne
- Eiswürfel (besonders spannend!)
- Badewannen-Bilderbuch aus Plastik
- Spielzeugfrosch oder Ähnliches mit Aufziehmotor
- Badeschaum.

Achtung: Lass auch ältere Kinder nie alleine in der Badewanne! Wenn du unbedingt weg musst, dann ruf nach den Eltern, die dich ablösen sollen, oder hebe das Kind aus der Wanne und bleib so lange bei ihm, bis das gesamte Badewasser abgelaufen ist!

Tipp: Haare waschen geht fast problemlos, wenn man dem Kind eine Taucherbrille oder besser noch eine Schwimmbrille aufsetzt.

Spiele für Kleinkinder

Zauberbilder

Für ein Zauberbild braucht man weißes Zeichenpapier, einen weißen Wachsmalstift oder eine kleine weiße Kerze, die man an einem Ende etwas anspitzt.
Mit dem Wachsmalstift oder der Kerze malt man heimlich ein einfaches Bild, z. B. ein Auto, ein Haus oder eine Blume auf das Zeichenpapier.
Der kleine Zauberer bekommt als Handwerkszeug Wasserfarben und einen dicken Pinsel, und dann kann der Zauber auch schon beginnen.
Mit dem dicken Pinsel verteilt das Kind die Wasserfarbe auf dem Papier und es entsteht, hokuspokus, das Zauberbild.
Die Wasserfarbe bleibt nur auf den Stellen haften, auf denen zuvor nicht mit Wachs vorgemalt wurde. Durch die Wasserfarbe wird das vorgezeichnete Bild sichtbar.

Die Verwandlungsmaschine

Ein Tisch mit einem langen Tischtuch wird zur Verwandlungsmaschine.
Krabble du zuerst von hinten unter dem Tisch durch und wenn du auf der anderen Seite wieder vorkommst, hast du dich doch glatt in einen freundlichen Hund verwandelt!
Beim nächsten Mal hüpfst du vielleicht als quakender Frosch unter dem Tisch hervor oder als brummendes Auto. Klar, dass dann das Kind an der Reihe ist, durch die Verwandlungsmaschine zu krabbeln.
Wundere dich nicht, wenn es genau als das Gleiche wieder hervorkommt, was du ihm vorgespielt hast!

Tierische Lieder

Ein kurzes Liedchen, das das Kind schon kennt, z. B.: „Alle meine Entchen" wird jetzt ohne Text als Hundelied gebellt, als Froschlied gequakt oder als Schaflied gemäht. Das klingt sehr lustig und wird besonders interessant, wenn jeder Sänger das Lied in einer anderen Tiersprache „singt"!

Tipp: Papagei-Kinder
Kinder ahmen alles nach, was ihnen die Großen vormachen. Darum ist es wichtig, dass man sie stets freundlich und höflich behandelt und den Kindern gegenüber die Zauberworte wie „bitte" und „danke" so oft wie möglich benutzt.
Sie werden diese Wörter dann automatisch auch verwenden.

Teddys Flugplatz

Stelle dich dem Kind gegenüber und halte zusammen mit ihm ein ausgebreitetes Handtuch fest. Auf dem Handtuch sitzt der Teddy und harrt geduldig der Dinge, die da kommen werden.
Gemeinsam hebt ihr jetzt beide das Tuch ruckartig nach oben, sodass der Teddy ganz weit in die Luft geworfen und gleich darauf wieder mit dem Handtuch aufgefangen wird.
Klar, dass die anderen Kuscheltiere beim Anblick des fliegenden Teddybären neidisch werden und natürlich auch alle mal fliegen wollen!

Die Verkleidungskiste

Es gibt wohl kaum ein schöneres Mitbringsel für ein kleines Kind als eine Kiste voller Kleidungsstücke und viel, viel Zubehör.
Gebrauchen kann das Kind, neben den Kleidungsstücken, vor allem Hüte, alte Sonnenbrillen, Gürtel, Taschen, Schuhe und Handschuhe.
Spielanleitung braucht es nicht, nur dich zum Mitspielen und Bewundern und einen sehr großen Spiegel.

Eine neue Sprache

Kinder haben Spaß an der Sprache und sind oft phantasievolle Wortschöpfer.
Manche Laute machen besonderen Spaß, zum Beispiel das „i" oder das „o".
Lustige Wörter entstehen, wenn die Selbstlaute durch diese Lieblingslaute ersetzt werden. Dann gibt es statt „Apfelsaft" „Ipfilsift" zu trinken oder „Schikilidi" zu essen.
Die Kleinen kugeln sich vor Lachen, wenn auch die Großen so sprechen.

Tipp: Zu spät!
Manchmal passiert es, dass ein Kind so ins Spielen vertieft ist, und zu spät merkt, dass es auf die Toilette muss. Es läuft noch los – doch: zu spät. So etwas kann durchaus mal passieren und, es ist bestimmt nicht wert, dass man daraus ein großes Theater macht. Aber denk daran: Wenn ein Kind sagt: „Ich muss mal", meint es „jetzt", „in diesem Augenblick!". Lass alles liegen und stehen und bring das Kind sofort aufs Klo!

Gefüllte Socken

Da Waschmaschinen leidenschaftlich gerne Socken fressen, gibt es in fast jeder Familie einen Sack oder Karton mit partnerlosen Einzelsocken.
Für dieses Spiel sind sie prima zu verwenden:
In jede Socke wird ein kleiner Gegenstand gesteckt, der durch seine Form gut ertastbar ist. Socke für Socke wird gefüllt, am oberen Ende verknotet und schon kann der Spielspaß beginnen.
Das Kind schnappt sich eine „gefüllte Socke" und tastet nach ihrem Inhalt. Na, was ist in der Socke drin?
Als Füllmaterial eignet sich z. B. ein kleiner Ball, ein Schlüssel, ein Löffel, ein kleines Spielzeugauto, eine Muschel, ein ganz leicht aufgeblasener Luftballon, ein Bleistift (nicht allzu spitz!), ein Schnuller, ...

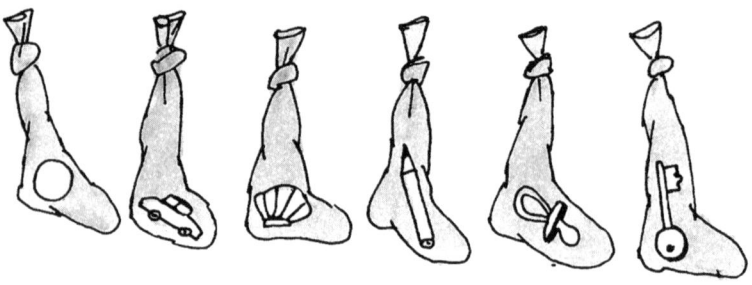

Tipp: Auf gleicher Höhe
Wenn du dich mit einem Kind beschäftigst, dann gehe in die Knie oder setze dich auf den Boden, sodass eure Köpfe auf gleicher Höhe sind. So erscheinst du für das Kind nicht mehr so erschreckend groß und, du bekommst einen guten Einblick, wie das Kind die Dinge um sich herum wahrnimmt.

Die Spiel- und Kuschel-Höhle

Ganz egal, ob die Kinder klein oder groß sind – eine Höhle bauen macht allen Spaß! Stellt Stühle und einen Tisch zusammen, breitet Decken darüber aus und polstert eure Höhle gemütlich mit Kissen.

Die Fingerzwerge

Wer einen Stift zur Hand hat, malt schnell auf die Kuppe seines linken Zeigefingers Augen, Knubbelnase und einen lachenden Mund – fertig ist Kurt, der Fingerzwerg. Kurt beginnt sogleich, dumme Faxen zu machen; quäkt in einer seltsam komischen Weise und sucht ganz verzweifelt seine Freundin Karla.

Na, wo wird die schon sein? Auf dem Zeigefinger des Kindes hat sie sich versteckt. Schnell wird auf den kleinen Zeigefinger das Karla-Gesicht gemalt und schon können zwei Fingerzwerge miteinander spielen.

Puzzlefieber

Ein ausrangiertes Foto wird in vier bis acht ungleichmäßige Puzzleteile zerschnitten und dem Kind zum Zusammensetzen „serviert".
Auch Karotten, Wurstbrote und Kuchenscheiben lassen sich prima in Puzzles verwandeln!

Tipp: Denk dran, dass Misserfolg ärgerlich ist und traurig macht. Gestalte daher jedes Spiel und jede Aufgabe so, dass das Kind Erfolg hat!

Der Kinderball

Kleine Kinder fürchten sich oft vor dem schnellen, manchmal auch harten Ball.
Ersetze den Ball einfach durch ein kleines Kissen! Das Spielen macht genausoviel Spaß und die Kinder lernen das Werfen und Fangen genauso schnell.

Wandelnde Schildkröten

Man nehme einen großen, leeren Wäschekorb, begebe sich in Krabbelstellung und stülpe den Korb über sich. Auf diese Weise zur Schildkröte verwandelt, krabbelt man langsam durch die Wohnung.

Mäuse-Memory

Mäuse-Memory kann man schon mit Kindern ab etwa eineinhalb Jahren spielen.
Wir brauchen kleine Gegenstände, die das Kind gut kennt. Es ist nicht nötig, dass das Kind die Gegenstände schon benennen kann, wichtig ist nur, dass es weiß, welches Ding zu welchem Wort gehört.
Solche Gegenstände könnten beispielsweise ein kleines Auto, ein Püppchen, ein Bauklotz, ein Schnuller sein.
Zum Spielen sitzt das Kind am Tisch. Die Gegenstände werden nacheinander hervorgeholt, benannt und unter Joghurtbechern versteckt.
Sind alle Dinge gut versteckt, so fragt man: „Wo ist das Püppchen?"
Lass dem Kind unbedingt genügend Zeit nachzudenken!
Sollte das Kind auf den falschen Becher zeigen, so darf es alle Becher noch einmal umdrehen und nachgucken, was darunter ist. Wenn's stimmt, hebst du nur diesen Becher an und lobst das Kind für seine Leistung.

Rekordverdächtig

Wer eine Uhr mit Sekundenzeiger hat oder sich zumindest eine borgen kann, der kann das Kind dazu auffordern, seinen persönlichen Rekord aufzustellen, z. B.
- im Ein-Bein-Stehen
- im Luft anhalten (erst mit schwindeln, dann ohne)
- im Schnellsingen von „Alle meine Entchen"
- im Einsammeln aller Legosteine.

Der Farbverein

Jedes Kartenspiel weist Karten aus vier verschiedenen Farbvereinen auf: Herz, Karo, Kreuz und Pik.
Bei diesem Spiel werden zuerst alle Karten gut gemischt und dann mit der Bildseite nach unten auf dem Tisch ausgelegt. Der erste Spieler deckt eine Karte auf, z. B. die Karo-Zehn. Jetzt kann er weitere Karten umdrehen, solange es immer Karo-Karten sind. Taucht aber eine Karte aus einem anderen „Verein" auf, z. B. der Pik-König, so sind alle Karten verloren und müssen wieder verdeckt an ihren Platz zurückgelegt werden. Es heißt also bescheiden sein und zu einer Zeit Schluss machen, solange noch alle aufgedeckten Karten einem Verein angehören. Dann darf dieser Spieler nämlich die aufgedeckten Karten aus dem Spiel nehmen und auf seinen Beutestapel türmen.
Das Spiel ist zu Ende, wenn alle Karten ihre Besitzer gefunden haben. Jetzt zählt jeder nach, wie viele er erbeutet hat und, es gewinnt natürlich derjenige, der die meisten Karten besitzt.

Rückenbilder

Das Kind legt sich auf den Bauch und du malst ihm ganz langsam mit dem Zeigefinger ein einfaches Bild auf den Rücken.
Na, kann die kleine Maus erraten, was du da gemalt hast?

Badezeit für Kuscheltiere

Eine Puppenbadewanne mit Wasser und viel Schaum, im Garten oder auf dem Badezimmerboden, und schon können die armen, schmutzigen Kuscheltiere und Puppen gebadet werden!

Achtung: Lass das Kind nie alleine mit Wasser spielen! Siehe dazu auch Seite 36!

Geräusche-Quiz

Dieses Spiel kann man gut mit größeren und kleinen Kindern zusammen spielen.
Zuerst sucht man ein paar Gegenstände, die, wenn sie auf den Boden fallen, ein typisches Geräusch geben. Zerbrechliche Dinge sind natürlich ausgeschlossen.
Beispiele für solche Gegenstände: ein Buch, ein Schlüsselbund, ein Löffel, ein Glöckchen, ein kleiner Ball, eine Holzmurmel, ein Spielwürfel.
Die Kinder sitzen auf dem Boden. Ein Teppichboden dämpft die Geräusche stark ab, ist also nicht so gut geeignet.
Vor Spielbeginn zeigt der Erwachsene die Gegenstände vor, und der kleinste Spieler darf sie benennen.
Nun drehen sich die Spieler um, und der Spielleiter lässt einen Gegenstand, z. B. den Schlüsselbund zu Boden fallen. Was war das? Welches Ding macht solch ein Geräusch?
Keine Angst, die Kleinen sind bei diesem Spiel keineswegs benachteiligt! Sie „blinzeln" dafür öfter – aber so streng soll es ja auch gar nicht zugehen!

Nichts wie raus!

Nichts wie raus!

Kleine Kinder brauchen viel Bewegung in frischer Luft. Wenn die Eltern einverstanden sind, dann geh mit dem Kind zum Spielen ins Freie – egal ob es regnet, schneit oder ob die Sonne scheint.
Natürlich musst du darauf achten, dass das Kind passend gekleidet ist. Mützen sind bei kühlem Wetter für Babys besonders wichtig. Achte auch darauf, dass das Kind entsprechende Schuhe trägt und bei kühlem Wetter auch Handschuhe anzieht.

Nur Geduld!

Manchmal ist schon eine gehörige Portion Geduld notwendig, zuzuschauen, wie das Kind seine Schnürsenkel bindet oder versucht, den Reißverschluss vom Anorak einzufädeln.
Aber nur die Übung macht den Meister und es ist zwar nett von dir, wenn du helfen willst, aber es bringt dem Kind mehr, wenn du geduldig bist.
Warte ab, bis das Kind die Aufgabe selbst erledigt hat und lobe es dann entsprechend.

Der etwas andere Spaziergang

So ganz normal spazieren zu gehen ist uns viel zu langweilig!
Viel lustiger ist diese Art:
Einer gibt ein Ziel vor, z. B. die Parkbank, die da in etwa
50 Meter Entfernung zu sehen ist und, der andere gibt die
Gangart vor,
z. B.:
- rennen, als würden wir gejagt werden,
- hüpfen auf einem Bein,
- ganz langsam schlendern, als wären wir auf einem Schaufensterbummel,
- torkeln, als wären wir ein bisschen beschwipst,
- rückwärts gehen,
- galoppieren wie die Pferde,
- krabbeln wie die Käfer,
- watscheln wie die Enten,
- trampeln wie die Elefanten usw.

Die Kribbel-Krabbel-Kastanie

In eine schöne, dicke Kastanie wird ein Kranz
von mehreren Zahnstochern gesteckt.
Die Kastanie sieht dann etwa so aus:
Dann nimmt man eine lange, dünne Schnur und
webt sie um die Zahnstocher herum, bis nur
noch ein Ende von etwa zehn Zentimetern Länge
übrig bleibt. Und jetzt geht's los! Das Kind stellt
sich auf einen Stuhl, fasst das Schnurende und
lässt die Kastanie zu Boden zappeln. Toll! Gleich noch mal?

Achtung: Knote den Anfang der Schnur an einem Zahnstocher
fest, damit die Kastanie am Schluß nicht davonkullert!

Bauchtaschen

Eine Bauchtasche kann sehr nützlich sein, wenn man mit
dem Kind aus dem Haus geht. Man kann den Geldbeutel, die
Hausschlüssel, Pflaster, Papiertaschentücher etc. prima darin
unterbringen und man hat beide Hände frei fürs Kind.

Tanz der Sonnenstrahlen

Mit einem kleinen Taschenspiegel kann man Sonnenstrahlen einfangen und an einer Hauswand herumtanzen lassen. Wer will, malt für größere Kinder auch Bilder oder Wörter damit an die Wand und lässt sie raten, was da gemalt oder geschrieben wird.

Sommerschlitten

Fast noch toller als das richtige Schlittenfahren ist eine rasante Fahrt auf dem Sommerschlitten:
Das Kind nimmt auf einer alten Decke Platz und hält sich gut fest. Du hältst zwei Ecken der Decke in den Händen und ziehst das Kind durch die Wohnung oder – wenn's erlaubt ist – sogar über den Rasen hinter dem Haus.

Wasserbilder

Mit Hilfe einer kleinen Gießkanne oder einer Plastikspritzflasche kann man tolle Bilder, Buchstaben, Wörter usw. in trockenen Sand, Erde oder auf den Asphalt malen.

Boccia für Spaziergänger

Jeder Spaziergänger trägt einen Tennisball, Gummiball oder eine große Murmel bei sich.
Ab und zu wird angehalten. Alle Spieler stellen sich nebeneinander auf und überlegen sich gemeinsam ein bestimmtes Ziel, z. B. ein Papierkorb, eine Parkbank oder ein Baum. Nacheinander wirft jeder seinen Ball möglichst so, dass er nahe am Ziel liegen bleibt.
Sind alle fertig? Dann laufen wir gemeinsam nach vorne und schauen ganz genau nach, wessen Ball dem Ziel am nächsten liegt. Der Sieger darf dann auf dem weiteren Spazierweg das nächste Ziel bestimmen.

Das Schattengespenst

Stellt man sich auf einem asphaltierten Platz mit dem Rücken zur Sonne, so kann man seinen Schatten vor sich auf dem Boden sehen.
Wenn du dich mit einem oder mehreren Kindern zusammen aufstellst, könnt ihr ein lustiges Schattenmonster bilden. Ausgebreitete, zappelnde Arme und Beine machen das zwei- oder dreiköpfige Monster so richtig gruselig.

Gräser ziehen

Zwei Spieler treten zum Gräserziehen gegeneinander an. Jeder sucht sich einen möglichst langen, stabilen Grashalm. Du biegst deinen Grashalm zu einer Schlaufe und hältst auf diese Weise beide Grashalmenden eingezwickt zwischen Daumen und Zeigefinger fest.
Das Kind fädelt seinen Halm zuerst durch deine Grashalmschlaufe, biegt seinen Halm dann ebenfalls zur Schlinge um und hält die beiden Enden gut fest.
Auf die Plätze, fertig, los! Beide ziehen jetzt gleichzeitig an ihren Halmen. Welcher Grashalm reißt zuerst?

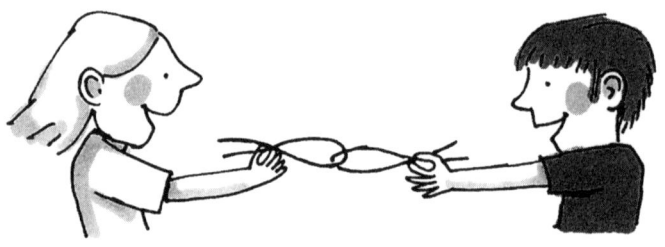

Der blinde Passagier

Für dieses Spiel brauchst du einen Leiterwagen und eine Decke oder ein großes, dunkles Tuch.
Das Kind wird zum „blinden Passagier". Es nimmt im Leiterwagen Platz. Die Decke oder das Tuch wird über das Kind gelegt, sodass es jetzt nichts mehr sieht.
Dann beginnt die Fahrt.
Du ziehst deinen kleinen Freund im Leiterwagen kreuz und quer durch den Garten, um das Haus herum, zwischen den Bäumen durch und so weiter.
Plötzlich wird der Wagen gestoppt. Der „blinde Passagier" muss nun möglichst genau angeben, wo er meint, dass er sich jetzt im Augenblick befindet. Das ist gar nicht so leicht! Wer den Standort tatsächlich beschreiben kann, darf es sich noch für eine weitere Fahrtrunde im Leiterwagen bequem machen.

Bei Schnee und Regen

Der schnelle Schneemann

Die Form eines riesengroßen Schneemannes wird Schritt für Schritt in den frischen Schnee getreten.
Augen, Nase und Mund mit Steinen legen oder das Gesicht mit einem Stöckchen aufmalen.

Der Schneeflocken-Tanz

Die allerschönsten Schneeflocken fängt man an einem nicht besonders kalten, windstillen Tag. Gebraucht wird dazu ein großes Stück schwarzes Tonpapier, mit dem man sich vor das Haus stellt und einzelne, dicke Flocken auffängt. Schnell anschauen, bevor sie schmelzen!

Der Mini-Schneemann

Kranke Kinder freuen sich über ein Schneemännlein aus echtem Schnee, das man ihnen in einer Plastikschüssel am Bett zum Spielen „serviert".

Spaß im Schnee

Was kann man außer Ski- oder Schlittenfahren noch so alles mit einem kleinen Kind draußen machen?
Hier ein paar Anregungen:
• Ein Schneemonster bauen, z. B. einen Riesen-Stegosaurier mit Panzerplatten, gelben Tennisballaugen etc.

- Eine Schneeburg bauen – aber unbedingt ohne Dach! Das Dach wird in Form von einer Plastikplane oder Decke über die Burg gelegt und an den Seiten mit Schnee befestigt. Klar, dass so eine Schneeburg auch noch Schneemöbel braucht!

- Einen Schneehaufen aufschütten, Seiten festklopfen und von oben nach unten eine Serpentinenstraße für kleine Spielzeugautos oder Murmeln eindrücken.

- Das Kind stapft durch den Schnee und du folgst seinen Fußspuren, bis ein kleiner Pfad durch die verschneite Landschaft führt.

- Du läufst die Form eines Autos, einer Blume oder eines anderen, einfachen Gegenstandes in den Schnee und das Kind rät, was das werden soll. Dann werden die Rollen getauscht. Das Kind darf das Bild in den Schnee stapfen und du bist dran mit raten.

- Einen Schnee-Engel machen und zwar so: auf den Rücken in den Schnee legen und die Arme und Beine wie beim „Hampelmann" bewegen.

- Wasser mit Wasserfarben oder Lebensmittelfarben in Spritzflaschen füllen und Muster oder Bilder in den Schnee spritzen.

- Ein Vogelrestaurant eröffnen. Dazu wird ein Brett auf einen Pfahl oder auf eine andere Erhöhung gestellt und mit Vogelfutter bestreut. Am besten schaut man den Gästen vom Haus aus beim Futtern zu.

- Eine Schneeburg – genauso wie eine Sandburg bauen. Sandeimerchen und Sandspielzeug sowie kleine Plastikschaufeln und alte Löffel dienen als Bauwerkzeuge.

- Eine Schüssel voll Schnee mit ins Haus nehmen, beim Schmelzen des Schnees zuschauen und beobachten, was außer Wasser am Schluss noch in der Schüssel schwimmt.

Die Regentropfen-Jagd

Wenn ihr Lust habt, könnt ihr auch ein Wettspiel im Regentropfen-Jagen veranstalten. Jedes Kind bekommt dazu einen Pappbecher. Sobald das Startzeichen gegeben wird, sausen alle Tropfenfänger im Regen umher, um die großen Regentropfen mit dem Becher aufzufangen. Nach ungefähr fünf Minuten wird nachgeschaut, in welchem Becher sich das meiste Regenwasser befindet.

Pustespiel

Ein kleines Papierschiffchen, ein Blatt oder ein Stöckchen wird auf die Wasseroberfläche einer schönen, großen Regenpfütze gelegt und vom Kind „über den See" gepustet.
Das Spiel kann man natürlich auch im Wettbewerb mit mehreren Kindern durchführen.

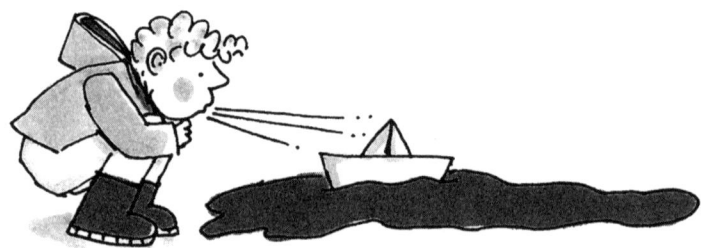

Die Papiersegler

Am Anfang erscheint es etwas schwierig, Segelboote aus Papier zu falten. Je mehr Boote man davon aber bastelt, um so leichter wird es, und schließlich faltet man die Boote schon fast „im Schlaf".

Je nachdem, wie groß das Blatt ist, kann man winzig kleine Boote falten, so groß wie der Nagel am kleinen Finger, oder Riesenboote aus Zeitungspapier oder Packpapierbögen, in denen man sogar eine Puppe auf Seereise schicken könnte. So wird's gemacht:

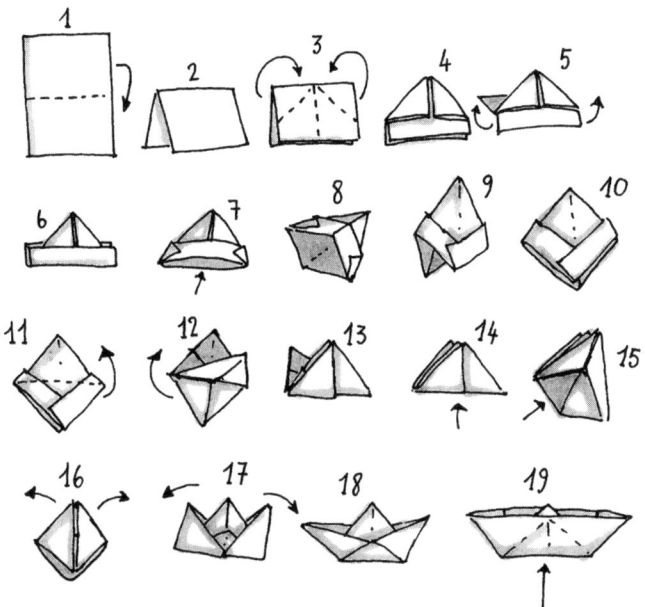

Tropfenrennen

Wenn der Regen so richtig an die Fensterscheibe prasselt, ist die Zeit für das Tropfenrennen gekommen. Das Kind sucht sich einen Tropfen aus, der möglichst an der Oberkante des Fensters aufgekommen ist, und verfolgt seinen Weg, bis er am unteren Rand der Scheibe angelangt ist. Ein Spaß, bei dem es einem nicht langweilig wird.

Essen mit Spaß

Essen mit Spaß

Wer meint, ein bisschen Abwechslung tut Not, hier ein paar Tipps, die Kindern sehr viel Spaß machen:

- **Essen verkehrt**
  beginnt mit der Nachspeise und endet mit der Suppe.

- **Candlelight-Dinner**
  ist eine sehr feierliche Angelegenheit. Nur die Kerzen auf dem Tisch erhellen das Abendessen.

- **Blind essen**
  Abwechselnd darf jeder mal mit fest zugekniffenen Augen essen.

- **Essenskönig**
  Der König schreit: „Halt" und sofort müssen alle anderen am Tisch „versteinern". Sehr lustig sieht das aus, doch der einzige, der sich darüber köstlich amüsieren kann, ist der König selbst, denn er isst unversteinert weiter. Aber die Majestät hat Mitleid und ruft nach einer Weile gnädig: „Weiter", worauf der Zauber augenblicklich gebrochen ist und jeder weiterfuttern darf.

- **Das Restaurant**
  Das macht allen Kindern Spaß: Du spielst den Kellner und die Kinder sind die Gäste im Restaurant.

Der Hochstuhl

Glaube mir, auch der kippsicherste Hochstuhl kippt! Lass ein Kind niemals allein im Hochstuhl sitzen – auch nicht für Sekunden!

Tipp: Ein „Picknick" auf dem Boden macht allen Kindern Spaß und es kann niemand vom Stuhl purzeln oder aus dem Hochstuhl kippen!

Die Breischlacht

Drücke dem Baby in jede Hand einen Löffel und füttere es mit dem dritten. So sind wenigstens die Kinderhändchen beschäftigt und du verhinderst, dass sich das Baby die Breischale schnappt und sie wie ein Ufo durch das Zimmer fliegt.

Das schmeckt mir nicht!

Kinder essen auch die unbeliebtesten Dinge viel lieber, wenn man sie schnell umtauft. Aus Broccoli werden „Mini-Bäume", aus Erbsen werden „Kanonenkugeln" und der ungeliebte Hagebuttentee schmeckt als „Feuerwehrbowle" gleich hundertmal so gut.

In Form gebracht

Brote schmecken gleich viel besser, wenn sie lustig aussehen, z. B.:

- Weißbrot vor dem Bestreichen mit großen Plätzchenausstechern in Form bringen.
- Wurst und Käse mit den Ausstechern in Form bringen und damit das Brot belegen.
- Ein lustiges Gesicht mit Radieschenaugen, einem breiten Ketchup-Mund etc. regt besonders die armen kranken Mäuse zum Essen an.

- Ein Streichwurstbrot wird in ca. 20 kleine Stücke geschnitten. Dann hältst du das Brot mit der einen Hand etwas zusammen und verstreichst nochmal die Wurst auf der Oberfläche. So sieht das Brot beinahe „normal" aus. Was für ein Spaß, wenn sich das Brot dann zur Überraschung des Kindes in seine Einzelteile zerlegt und man es Puzzleteil für Puzzleteil verspeisen darf!

Tipp: Die kleine Auswahl
Das Kind ist klein und die Welt um das Kind herum riesig groß und unüberschaubar. Wenn du ein Kind fragst: „Was möchtest du essen?", „Was möchtest du spielen?" oder „Was möchtest du anziehen?" überforderst du es damit.

Viel besser ist es, wenn du ihm eine kleine Auswahl vorgibst, z. B.: „Möchtest du ein Wurstbrot oder ein Marmeladebrot?", „Möchtest du jetzt deine Puppe baden oder soll ich dir eine Geschichte vorlesen?"

Vorlesezeit

Vorlesezeit

Sogar beim Geschichtenvorlesen gibt es ein paar kleine Tricks, die du bedenken solltest:

- Lies niemals eine Geschichte vor, die du noch nicht kennst!
- Wähle eine Geschichte aus, die zum Alter des Kindes passt.
- Lies ganz ganz langsam!
- Vielleicht kannst du ja besonders spannend und in verschiedener Stimmlage vorlesen? Achte aber immer auf das Kind. Wenn du das Gefühl hast, dass das Kind sehr angespannt ist oder sogar Angst hat, dann lies lieber ohne besondere Betonung.
- Sprich nach dem Vorlesen mit dem Kind über die Geschichte.
  Stelle ihm Fragen, z. B.:
  Wie heißt die Freundin des Eisbären?
  Was hat dir an der Geschichte besonders gut gefallen?
- Male mit dem Kind zusammen ein Bild, das zu der Geschichte passt.

- Kinder lieben Wiederholungen. Also scheue dich nicht, die gleiche Geschichte ein zweites oder drittes Mal vorzulesen. Im Gegenteil! Dem Kind wird die Geschichte dann immer besser gefallen.
- Vermeide traurige Geschichten!
- Achte darauf, dass die Geschichte nicht zu lang ist. Kleine Kinder können sich nicht allzu lange konzentrieren.
- Ganz besonders eindrucksvoll wird das Geschichtenerzählen, wenn es eben mal nicht im Kinderzimmer stattfindet, sondern vielleicht im Garten, auf dem Spielplatz oder im Park unter einem riesigen, alten Baum.
Die Umgebung mit ihren speziellen Geräuschen und Gerüchen macht das erzählte Abenteuer perfekt.

Ich seh' etwas ...

Betrachte zusammen mit dem Kind ein möglichst großes, wimmeliges Bild aus einem Bilderbuch und spiele mit ihm: „Ich sehe etwas, das du nicht siehst und das ist rot, rund, ..."

Erste Hilfe gegen „dicke Luft"

Der Elefantenrundlauf

Wütende oder streitende Kinder verwandelst du mit einem Zauberstab und diversen Zaubersprüchen in Elefanten.
Jetzt trampelst du als Elefant voraus einmal durchs Haus oder besser noch: einmal draußen ums Haus, gefolgt von den kleinen Elefantenkollegen.
Das Trampeln hilft, der Wut Luft zu machen.
Wenn ihr wieder am Ausgangspunkt angelangt seid, haben sich die wütenden Elefanten bestimmt wieder in ganz normale kleine Kinder verwandelt.
Was deinen Schützlingen hilft, klappt übrigens auch bei dir!

Tipp: Probiere es aus! Ein Elefantenrundlauf hilft sogar bei schlechten Noten, bei Krach mit Freundinnen oder Eltern und vielem mehr!

Der schreiende Regenwurm

Ein vor Wut schreiendes Kind kann man schnell ablenken, wenn man es anspornt, noch lauter zu schreien. – „Nein, nicht so! Noch viel, viel lauter!"
Frage es dann, ob es auch ganz leise „schreien" kann; erstmal wie eine kleine Maus und dann wie ein winziger Regenwurm, ...

Tipp: Wo gesungen wird ... da herrscht schnell wieder gute Laune. Das Singen hilft, wenn Kinder müde sind, traurig oder überdreht. He, sag bloß nicht, dass du nicht singen kannst! Jeder kann singen. Kleine Kinder wollen Spaß, und wenn sie den haben, stören selbst die schrägsten Töne nicht.

Knete

Knetgummi oder selbst hergestellter Salzteig sind ebenfalls zum Ablassen der Wut gut geeignet. Man kann kneten und kneten, Teigkugeln auf die Tischplatte donnern und sich dabei vorstellen, dass es sich um seinen großen Bruder (den Verräter) handelt.

Gute Nacht, kleine Maus!

Müde bin ich ...

Achte auf die Körpersprache des Kindes! Dazu gehören Gähnen, Augenreiben oder Blinzeln. Auch wenn ein Baby plötzlich weinerlich wird, kann das ein Zeichen für Müdigkeit sein.

Je besser du das Kind kennen lernst, umso schneller und sicherer wirst du die Anzeichen deuten können und den unruhigen Geist ins Bett bringen, bevor er seine Einschlafstimmung wieder verliert.

Ich kann mich kaum beruhigen!

Wenn du alles getan hast, damit sich das Baby wohl fühlt und jetzt wunderbar einschlafen könnte, das Baby aber immer noch schreit, dann helfen vielleicht diese Tricks:

- Grundregel: Habe Geduld! So schnell sind die Babys nicht! Brich also einen Versuch nicht gleich wieder ab, nur weil das Kind weiter schreit.

- Flüstere mit dem Baby. Erzähle ihm eine Geschichte, notfalls deklinierst du Lateinvokabeln oder liest dem Baby die Kochanleitung von Spaghetti vor.

- Blase ganz sanft gegen die Babynase.

- Halte das Baby fest im Arm oder wickel es wie ein Indianerbaby – mit den Armen nach innen – in ein Tuch.

- Drehe die Decke des Kindes um!

- Tauche die Schnullerspitze in Fenchelhonig! Ein toller Geschmack – kommt da noch mehr? Man saugt und schnullert und vergisst völlig weiter zu schreien.

- Trag das Kind durchs Haus. Rede nur ganz leise und langsam.

- Massiere das Baby. Wichtig sind warme Hände und viel Geduld. Die Massage wirkt sehr entspannend für das Baby.

- Wenn das Baby schreit und schreit und schreit, halte es in schaukelnder Bewegung – in seiner Wiege, einem Schaukelstuhl, dem Kinderwagen oder einfach in deinen Armen.

- Sing oder summe leise!

- Lege dir das Baby über die Knie und streichle seinen Rücken.

- Lege das Baby auf den Bauch und wackle sanft den Po.

- Schließ dem Baby liebevoll die Augen.

- Lass das Baby Musik hören. Besonders gerne hören Babys Vivaldi und Mozart.

Einschlaf-Hilfen

Feste Rituale vor dem Einschlafen sind sehr hilfreich. Natürlich wirst du dich erkundigen, wie die Eltern normalerweise ihr Kind zu Bett bringen und dieser Vorgehensweise folgen. Wenn so was aber in dieser Familie nicht üblich ist, könntest du mit dem Kind:

- ein Schlaflied singen,
- den Stofftieren gute Nacht sagen: „Gute Nacht, Rudi Hase.", „Schlaf' gut, lieber Teddy." usw.,
- mit dem Kind gemeinsam die Vorhänge zuziehen bzw. die Rollos herunterlassen,
- ein Bilderbuch anschauen,
- an all die tollen Sachen denken, die das Kind heute gemacht hat,
- eine Spieluhr aufziehen oder das Mobile überm Bett tanzen lassen,
- vor dem Schlafengehen ein wenig im Schaukelstuhl schaukeln,
- beten,
- eine Vorstellung der Fingerzwerge (Seite 57) besuchen.

Der Wächter

Dass so ein Teddybär, ein Plüschhase oder notfalls auch die Barbiepuppe über ungeahnte Kräfte verfügt, weiß jedes Baby. Also nutzen wir diese Kräfte und stellen das geliebte Kuschelwesen abends vor die Kinderzimmertür oder das Fenster, um Gespenster, Monster, Fliegen, Ufos und was einem Kind sonst noch Angst machen könnte, abzuschrecken.

Und wenn dann der Schrei kommt: „Auf meinem Schrank sitzt ein Vampir", dann erinnerst du den kleinen Schreihals an den Wächter: „Keine Sorge, vor deiner Tür sitzt doch der Teddy!"

Teddy-Theater

Was so alles in einem Teddy steckt, beweist das Teddy-Theater.
Der kleine Zuschauer liegt in seinem Bettchen, wenn der Teddy erscheint. So ein Teddy spricht natürlich langsam und höflich. Er stellt sich vor, verneigt sich vor seinem Ein-Kind-Publikum und beginnt mit seiner Vorstellung.
Als Bühne benützt er den Kinderbauch, auf dem er hüpft und tanzt, vielleicht sogar Purzelbäume purzelt usw.
Denk daran, dass du die Bewegungen nicht zu schnell ausführst, damit das Kind dem Theaterstück auch wirklich folgen kann.
Am Schluss der Vorstellung verabschiedet sich der Teddy und bleibt noch ein Weilchen auf dem Babybauch liegen zum Kuscheln.

Der Gute-Nacht-Alarm

Manche Kinder nützen die Abwesenheit der Eltern gerne aus, um das Schlafengehen hinauszuzögern. Nichts dagegen zu sagen, wenn die Kinder bei dir ein bisschen länger aufbleiben können, aber irgendwann wird es halt doch ernst. Um ewiges Quengeln zu verhindern, ob man die Aufbleibezeit nicht doch noch mal verlängern kann, gibt ein Küchenwecker das Alarmsignal.
Komischerweise folgen Kinder einem schrillen Wecker oftmals eher als den Bitten eines geduldigen Babysitters.

Tipp: Stelle den Wecker so ein, dass er ca. 15 Minuten vor der Schlafenszeit klingelt. Das Weckerklingeln ist das Zeichen, dass das Spiel zu Ende gebracht wird und dass die Spielsachen eingesammelt werden müssen. Klingelt der Wecker dann zum zweiten Mal, geht's ins Bett.

Hörspiel für Lauscher

Es braucht ein bisschen Zeit, um von einem herumsausenden, quietschvergnügten Kind zu einem friedlichen, ruhigen Träumer zu werden. Dieses kleine Spielchen ist gerade für die Zeit zwischen Tag und Traum gut geeignet.
Ein laut tickender Wecker oder ein sehr leise eingestelltes Radio wird im Zimmer versteckt. Das Kind lauscht ganz gebannt. Wo tickt's denn da? Toll, wer das Versteck erlauschen kann!

Tipp: Im abgedunkelten (aber nicht finsteren) Raum wirkt das Spiel noch besser.

Kribbel-Krabbel unter der Decke

Das Kind liegt im Bett und ist zugedeckt, die Hände sind unter der Decke.
Von der Seite schiebst du ihm einen Gegenstand, z. B. eine Zahnbürste zu.
Das Kind befühlt den Gegenstand und soll nun erkennen, worum es sich handelt.
Ob es richtig geraten hat? Gleich mal nachschauen! Vorsichtig zieht das Kind den Gegenstand unter der Decke hervor.

Das Decken-Tunnel

Das Kind krabbelt unter seine Bettdecke und kommt am anderen Ende wieder heraus. Dazu braucht es Mut, weil es ja unter der Decke dunkel ist. Wenn ihr das Spiel zum ersten Mal spielt, solltest du das eine Ende der Bettdecke ein wenig anheben, sodass das Kind „ins Licht" krabbelt und sich nicht fürchtet.

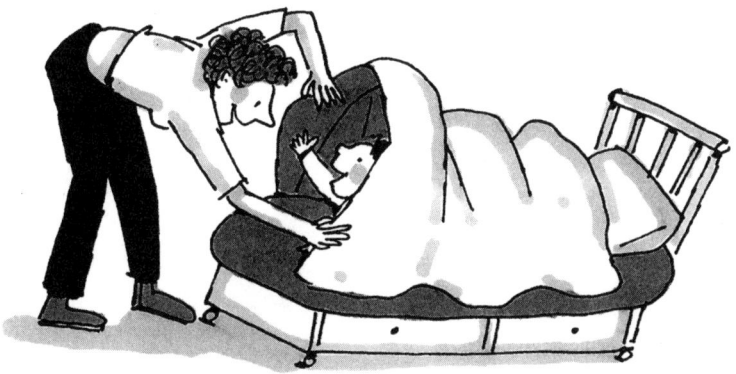

Nichts vergessen!

Sobald die Kinder schlafen, sammle deine mitgebrachten Dinge (Bücher, Spielsachen, dein Notizbuch, ...) ein, verstaue sie in deiner Tasche und stelle diese an der Garderobe zu deiner Jacke.
Es ist peinlich, wenn du am nächsten Tag angerufen wirst, weil verschiedene Sachen von dir gefunden wurden ...

Schlaf, Kindchen, schlaf

Auch wenn „dein" Kind tief und ruhig schläft, ist der Babysitter-Job noch nicht zu Ende. Etwa alle 15 Minuten solltest du dich ins Kinderzimmer schleichen, wenn dort ein Baby schläft und etwa alle 30 Minuten solltest du nach einem Kleinkind sehen.
Du brauchst gar kein Licht anzuknipsen. Meistens reicht das Flurlicht aus, um das Kind zu sehen und wenn nicht, dann hast du ja deine Taschenlampe dabei.

Tipp: Müde?
Irgendwann schlafen die Kinder dann tief und fest, es ist ganz still im Haus, und du merkst, dass dir auch gleich die Augen zufallen werden ... Solltest du aber aus irgendwelchen Gründen unbedingt wach bleiben wollen oder müssen, so probiere diese Tricks:

- Wasch dein Gesicht mit kaltem Wasser!

- Erinnere dich an den Sportunterricht in der Schule und turne!

- Öffne das Fenster und atme tief die kalte Nachtluft ein!

- Geh im Haus spazieren und steige mehrmals die Treppen rauf und runter!

- Schreib eine Nachricht an die Eltern, und berichte in Stichworten, was alles in ihrer Abwesenheit passiert ist. Vergiss nicht, „deine" braven Kinder zu loben!

Das Babysitter-Büro

Geschäftserweiterung

Wird dir das Babysitten zu langweilig? Dann erweitere doch deinen Service! Wie wäre es zum Beispiel mit diesen Vorschlägen?

Der Bodyguard
... bringt die Kinder zum Kindergarten, in die Schule oder zu diversen Kursen am Nachmittag, holt sie dort auch wieder ab und bringt sie nach Hause.

Der Nachhilfelehrer
... betreut die Hausaufgaben der Kinder und lernt zusätzlich noch mit ihnen für Schulaufgaben.

Der Kinderfeste-Animateur
... hilft den Eltern bei der Organisation des Kinderfestes, dekoriert die Partyräume oder den Garten und spielt mit den Kindern auf dem Fest.

Vergiss nicht, dass auch nach der Kinderparty deine Hilfe beim Aufräumen wichtig ist.

Wichtige Telefonnummern:

Wichtige Telefonnummern:

Wichtige Telefonnummern:

Wichtige Telefonnummern:

Notizen

Notizen

Notizen

Notizen

Notizen

Notizen

Notizen

Notizen

Notizen

Notizen

It's Partytime!
In diesem Buch findet sich alles, was eine Mädchenparty zu einem unvergesslichen Erlebnis macht: Ideen für originelle Einladungskarten, lustige Dekorationsvorschläge, Begrüßungs- und Kennenlernspiele, Quiz- und Rätselspiele, Tobespiele für drinnen und draußen, Spiele im Dunkeln und im Hellen, Rezepte für alle Tages- und Nachtzeiten, leise Spiele für kurz vor Mitternacht, Überraschungen und Preise, Fitmachspiele für den nächsten Morgen, Souvenirs und jede Menge Spaß...

Almuth Bartl
Mitternachtspartys
Supertolle Tipps für Mädchenfeste
mit Illustrationen von Giulia Orecchia
ab 9 Jahre, 96 Seiten,
20 x 24 cm, gebunden
DM 24,80; öS 181; sFr 23,00
ISBN 3-89777-009-1